DESEMPREGO

GAP – Grupo de Apoio Psicoprofissional
Rosy Rodrigues (Organizadora)

DESEMPREGO

Da crise à oportunidade de crescimento

Dados Internacionais de Catalogação na Publicação (CIP)
(Câmara Brasileira do Livro, SP, Brasil)

Desemprego : da crise à oportunidade de crescimento / GAP - Grupo de Apoio Psicoprofissional ; Rosy Rodrigues (organizadora). – São Paulo : Paulinas, 2016. – (Coleção diálogo)

Bibliografia.
ISBN 978-85-356-4074-8

1. Desemprego 2. Empregos 3. Finanças - Administração 4. Mercado de trabalho 5. Psicologia social 6. Qualificação profissional I. GAP - Grupo de Apoio Psicoprofissional. II. Rodrigues, Rosy. III. Série.

15-11219 CDD-302

Índice para catálogo sistemático:

1. Desemprego : Programa de Apoio Psicoprofissional : Psicologia social 302

1ª edição – 2016

Direção-geral: *Bernadete Boff*
Editora responsável: *Andréia Schweitzer*
Copidesque: *Ana Cecilia Mari*
Coordenação de revisão: *Marina Mendonça*
Revisão: *Simone Rezende*
Gerente de produção: *Felício Calegaro Neto*
Diagramação: *Manuel Rebelato Miramontes*
Foto de capa: © *Kurhan*

Nenhuma parte desta obra poderá ser reproduzida ou transmitida por qualquer forma e/ou quaisquer meios (eletrônico ou mecânico, incluindo fotocópia e gravação) ou arquivada em qualquer sistema ou banco de dados sem permissão escrita da Editora. Direitos reservados.

Paulinas

Rua Dona Inácia Uchoa, 62
04110-020 – São Paulo – SP (Brasil)
Tel.: (11) 2125-3500
http://www.paulinas.org.br / editora@paulinas.com.br
Telemarketing e SAC: 0800-7010081

© Pia Sociedade Filhas de São Paulo – São Paulo, 2016

"Minha humanidade está presa à sua!"
Filosofia ubuntu

"A questão é: você vai cuidar de si mesmo de maneira a também desenvolver e melhorar sua comunidade?"
Nelson Mandela

Aviso legal: o monitoramento da disponibilidade e da integridade dos sites e informações indicados para pesquisa na internet, bem como a atualização deles, não são de responsabilidade da editora.

Sumário

Apresentação 11
Introdução 13
Como fazer a leitura do conteúdo on-line 17
Administrando as finanças 19
    Gastos que passam despercebidos 21
Desemprego: reflexos na saúde física e mental 25
    Atenção aos sinais preocupantes 27
    Pensar o pensar 31
    Técnicas para controle das emoções 35
    Manter a atenção no presente 41
    Projeto de vida 45
    Oportunidade de crescer na crise: definindo metas ... 47
    Planejando e entrando em ação 49
Diferenças entre emprego e trabalho 53
    Trabalho autônomo 54
    Empreendedorismo 54
    Economia solidária e cooperativismo 56
    Primeiro emprego 57
    Currículo 59

Processo de seleção 62
Benefícios e programas governamentais 85
　Rescisão do contrato de trabalho 85
　Previdência Social 86
　Programas de crédito 87
　Qualificação profissional 87
　Benefícios estaduais e municipais 88
　Benefícios e programas complementares 88
Considerações finais 91
Links úteis sugeridos para acesso e leitura 95
Referências 97
Autores 99

Agradecimentos

Este livro é dedicado ao Grupo de Voluntários do GAP, patrimônio humano de inestimável valor, a Evelin Lindner, estudiosa e ativista incansável na luta pela dignidade humana (HumanDHS), e aos nossos familiares e amigos, pelo incentivo e apoio constantes.

Ele é resultado de um esforço cooperativo e interativo de profissionais de diversas áreas. Agradeço a todos pela oportunidade de trabalharmos e aprendermos juntos e pelas valiosas e inspiradoras contribuições.

Pelos ensinamentos, orientações e valiosos cuidados, homenageio os professores Amauri Mascaro Nascimento, Mercedes Marin, Conrado Ramos, Edgar Nobrega, Antonio Barone e Carlos Alberto Q. Barbosa.

Sinceros reconhecimentos a Marlene Soares dos Santos, Andrea Castro de Jesus, Cristiane Chagas, Francisca Helena Costa Araujo, Marcelo Guedes de Britto, João Marcelo de Souza, Ivanir Maciel, Izanete e Ivani Gonzaga, Claudio de Camargo Crê e aos diretores do Sindicato dos Metalúrgicos de Osasco em 2002, pelo apoio à criação e desenvolvimento do GAP.

Por fim, especiais agradecimentos às entidades e dirigentes que viabilizam, cotidianamente, nossa atuação na cidade de Guarulhos/SP:

- Sindicato dos Metalúrgicos de Guarulhos e Região – presidente José Pereira dos Santos e diretorias de 2002 a 2015;
- SENAI (Serviço Nacional de Aprendizagem Industrial) – presidentes e diretorias de 2010 a 2015.

Rosy Rodrigues
(Organizadora)

Apresentação

O leitor deste livro, de maneira geral, deve estar buscando um emprego no sentido mais corriqueiro da palavra, ou seja, uma vaga no mercado de trabalho.

Certamente, o material aqui condensado servirá a esta finalidade. Mas o efeito mais duradouro e desejado é levá-lo a se colocar em movimento, a conjugar o verbo "empregar" na primeira pessoa, passando a aplicar, fazer uso, utilizar tempo, mente, capacidades, criatividade e vontade para apoderar-se o máximo possível da autoria de sua própria história.

Se um trabalho remunerado não está sendo possível no momento, é certo que a vida não está totalmente paralisada. A pessoa pode ocupar-se de muitas outras formas. Questionar quais são essas formas é de fundamental importância na crise do desemprego.

Saber se o tempo e a energia estão sendo utilizados de forma construtiva ou se estão sendo desperdiçados com pensamentos limitadores, atitudes ou autocríticas negativas, é parte da responsabilidade que cabe a quem procura vaga no mercado de trabalho.

Para a superação de momentos difíceis se requer inteligência. Buscar conhecimentos e troca de experiências, voltar a atenção para os pensamentos, as opções, ações e avaliar as consequências, são atitudes importantes para o alcance de realizações.

Não existem soluções milagrosas para o combate ao desemprego, mas é certo que parte delas só está disponível, verdadeiramente, dentro de cada um.

Assim como qualquer outra crise, a ocasionada pelo desemprego traz oportunidade de crescimento, de criação de novos rumos, de desenvolvimento de capacidades e aprendizados.

Este livro foi pensado para manter o leitor ativo e consciente de suas responsabilidades e motivado a criar oportunidades e buscar saídas realizadoras e efetivas. Mais ainda, para que o leitor – desempregado ou não – perceba que pode empregar tempo, energia e potencial na construção de novos rumos para sua vida.

Introdução

O desemprego decorre de vários fatores, dentre eles: políticas governamentais, má distribuição geográfica de oportunidades, globalização, descompasso entre a procura e a oferta de trabalho, idade, gênero, avanços tecnológicos, ausência ou má-formação profissional.

A perda do trabalho leva a uma espécie de luto, que assusta, revolta e amedronta. Tais sentimentos se revezam até que haja aceitação, reação e recuperação. Nessa situação, o indivíduo se sente perdido, vivencia medo e culpa, sendo levado a questionar o próprio sentido da vida. Esse conjunto de sentimentos não raramente provoca reações físicas e mentais que podem transformá-lo em uma pessoa solitária, propensa à exclusão social.

O desequilíbrio emocional pode se instalar e levar o desempregado a negligenciar a saúde, a abusar de drogas, podendo vir a praticar delitos em busca de recompensas e soluções imediatas. Essas situações provocam o adoecimento do indivíduo e da sociedade.

No cenário de desemprego, revelam-se no mínimo três tipos de apoio:

a) o financeiro, que forneça o básico para a sobrevivência;

b) o técnico, que possibilite qualificação para o mercado;

c) o psicológico, que amenize a desestruturação da identidade, o sofrimento e seus desdobramentos.

Há pelo menos uma década, o desalento (desânimo, desesperança) é apontado como uma das consequências do desemprego no Brasil, alertando para a necessidade de adoção de uma visão humanista do cidadão desempregado, com intervenções direcionadas à proteção de sua dignidade e efetiva inclusão social.

Nesse contexto, foi criado o Programa de Apoio Psicoprofissional – fundamentado nos princípios da psicologia social –, com o objetivo de facilitar o enfrentamento da crise do desemprego a partir de uma visão focada na reestruturação psicológica e na transformação do momento de crise em oportunidade de crescimento pessoal e profissional.

A proposta foi implantada em março de 2002, em espaço cedido pelo Sindicato dos Metalúrgicos de Guarulhos e Região, fruto da intenção e determinação de incubar e apoiar iniciativas sociais, uma marca registrada da entidade, conforme comprovam outros importantes projetos ali desenvolvidos.

Uma pesquisa científica realizada em 2003, por alunos da Universidade Paulista de São Paulo – UNIP (ver pesquisa nos links úteis), apresentou conclusões favoráveis ao desenvolvimento do programa, dando assim maior legitimidade e incentivo à sua continuidade.

Nos anos que se seguiram, inúmeras pesquisas foram respondidas anonimamente pelos participantes, os quais atestaram que as diversas atividades do programa contribuíram de maneira relevante para amenização do sofrimento, maior reestruturação psicológica e aumento de motivação para a busca de trabalho ou emprego. Não bastasse isso, pesquisas internas comprovaram que, cerca de um ano após passarem pelo Programa de Apoio Psicoprofissional, 75% dos participantes se inseriram no mercado de trabalho.

Em julho de 2009, o programa passou a integrar a OSCIP, denominada Grupo de Apoio Psicoprofissional – GAP, com o intuito de se habilitar a novos incentivos e patrocínios.

A partir de 2010, o SENAI passou a apoiar financeiramente o GAP, patrocinando a expansão de suas atividades, nas quais os participantes são incentivados a utilizar melhor o tempo e a praticar ações que diminuam os sentimentos de inutilidade e culpa, comuns no período de desemprego.

Em linha com as motivações iniciais do programa, o principal objetivo do GAP é promover a reestruturação psicológica do indivíduo, a partir da consciência de que, em momentos de crise, é necessário realizar mudanças, buscando informações, acionando a criatividade e entrando em ação. Somente assim o desempregado terá maiores chances de se inserir no instável e competitivo mercado de trabalho atual.

Além disso, o GAP prioriza o autoconhecimento e o autocuidado, assim como o aprendizado de técnicas de controle emocional. Isso se dá por meio da prestação de informações relativas ao âmbito psicológico e profissional, úteis à superação da fase de desemprego, à participação em processos de seleção, ao desenvolvimento de carreira e ao reconhecimento de perfis empreendedores.

De 2002 a 2015, mais de 35 mil desempregados foram atendidos. A experiência acumulada está sistematizada neste livro e pretende levar aos leitores o conteúdo que se revelou mais eficaz para a obtenção de resultados positivos.

Além de contribuir com informações úteis para o momento do desemprego, a presente obra foi especialmente pensada para apoiar o indivíduo no reestabelecimento de seu vínculo com a sociedade e, assim, resgatar a sua dignidade.

Como fazer a leitura do conteúdo on-line

Para que o conteúdo deste livro seja ainda mais dinâmico, moderno e interativo, o leitor vai encontrar em suas páginas links e QR-Codes que podem ser acessados a qualquer momento e que agregarão valor ao texto lido.

Para consultar um link, basta acessar a internet e abrir um navegador de busca no computador ou celular e digitar o endereço de web fornecido.

O acesso do QR-Code solicita um aplicativo que pode ser baixado na loja do sistema operacional do seu celular, seja Apple, Android ou Windows. Com o aplicativo instalado, abra-o e posicione a câmera até conseguir foco e verá o endereço da internet (link) em que o conteúdo está disponível. Basta clicar nesse endereço para acessar o conteúdo on-line.

Administrando as finanças

As finanças têm um peso fundamental em fases incertas como a do desemprego, nos aspectos tanto material como psicológico. Em outras palavras, quem perdeu o emprego não pode perder-se nos gastos.

Para passar por essa fase de forma inteligente e enfrentar o caos que por vezes se instala, é necessário organizar, planejar e administrar receitas e despesas, buscando uma visão realista da situação e o máximo de decisões acertadas. Para iniciar o controle das finanças, segue um roteiro de atitudes a serem tomadas, lembrando que disciplina é fundamental para mantê-las:

- elabore uma planilha/tabela de receitas (valores a receber) e despesas usando programas de informática, como Word e Excel ou outros à disposição na internet, ou use lápis, papel e calculadora;

- liste todas as receitas disponíveis, inclusive o dinheiro recebido na rescisão trabalhista, as parcelas do seguro desemprego e, se houver, todos os rendimentos de outros membros da família;

- estabeleça como prioridades as despesas com alimentação, aluguel, água, luz, gás, telefone e transporte;
- relacione todas as dívidas contraídas, como financiamentos, empréstimos, cartões de crédito, cheques pré-datados;
- a partir da lista de despesas, selecione os itens mais importantes e retire tudo o que não for essencial;
- com todas as receitas e despesas listadas, é hora de fazer as contas: veja tudo que é possível liquidar com o dinheiro em caixa – quanto menos dívidas, melhor –, mas, obviamente, reserve dinheiro para despesas essenciais;
- caso o valor em caixa não seja suficiente para o pagamento de todas as despesas contraídas, opte por procurar credores e negociar o congelamento da dívida; verifique quais dívidas possuem seguro para o caso de desemprego e exponha a situação demonstrando interesse em saldar os débitos;
- se houver dívida e algum dinheiro guardado (investimentos, poupanças), faça as contas e verifique se os juros gerados pela dívida são, ou não, maiores que os rendimentos apurados com o investimento – na maioria das vezes, é mais vantajoso resgatar o que foi poupado e pagar as dívidas;

- não se deixe seduzir pelas armadilhas do crédito fácil: quando se têm prestações a pagar, pagam-se não apenas as dívidas como também juros adicionais, e esse valor pode faltar para os gastos essenciais.

Gastos que passam despercebidos

Considerando a falta de renda, é necessário cortar despesas desnecessárias. Na maioria das vezes, não sabemos quanto custam os minutos a mais debaixo do chuveiro elétrico, nem a água desperdiçada com a torneira aberta ao escovar os dentes ou lavar a louça, nem a luz que ficou acesa no cômodo que não está sendo usado.

Tudo isso reflete nas finanças, já que, quando somados, pequenos valores acabam resultando em despesas significativas.

Quando se trata de economia, não ignore certos gastos, nem mesmo aqueles relacionados às despesas essenciais, os quais devem ser reduzidos ao máximo.

Corte os supérfluos:

- desperdício de energia com luz e eletrodomésticos em *stand-by*;
- TV a cabo com pacotes de canais não assistidos;
- desperdício de água;
- uso do carro quando é possível usar transporte público ou ir a pé;
- gastos desnecessários com telefone;
- gastos com refeições fora de casa;
- compras realizadas por impulso, sem necessidade comprovada ou apenas para aparentar status;
- gastos não essenciais com cartão de crédito – as compras devem ser feitas à vista, ou senão adiadas.

Para economizar no supermercado:

- não faça compras com fome;
- deixe as crianças em casa;
- faça uma lista de tudo o que realmente é necessário;
- pesquise preços em outros locais e no próprio supermercado;
- não compre mais do que conseguirá consumir;

- não cozinhe mais do que o necessário, para evitar as sobras que acabam indo para o lixo;
- mantenha armários e geladeira em ordem, evitando, assim, comprar produtos já estocados.

Quinze planilhas de gastos para controlar seu orçamento

Fonte: Revista *Exame*.
Disponível em: <http://exame.abril.com.br/seu-dinheiro/noticias/15-planilhas-de-gastos-para-controlar-seu-orcamento-em-2015> ou: <bit.ly/234AAlr>.

Desemprego:
reflexos na saúde física e mental

A falta de um trabalho remunerado abala e impede a plena cidadania, além de gerar conflitos emocionais e marginalização. Esse fenômeno é agente causador de estresse, ansiedade, medo, frustração, desespero, sentimentos de fracasso e inutilidade, produzindo efeitos psicológicos e físicos que podem afetar gravemente a qualidade de vida do indivíduo.

O capitalismo exige renda para viabilizar a sobrevivência e o consumo, e estar no mercado de trabalho é fator fundamental para a integração social. Sem isso, a identidade do ser humano se torna vulnerável e os sentimentos relacionados à exclusão social se acumulam.

O desespero pode levar o indivíduo a atitudes impensadas e torná-lo propenso ao abuso de medicamentos, álcool e drogas, e até mesmo a praticar delitos visando a recompensas e soluções imediatas. Tais situações desencadeiam um círculo vicioso, gerando instabilidade social e sobrecarregando as áreas de saúde e segurança no país.

Muitas alterações físicas e mentais podem ser identificadas na fase do desemprego, tais como: alterações no humor, nervosismo, depressão, alterações do apetite e peso, baixa imunidade, quadros de hipertensão, insônia, diminuição da libido, mudanças hormonais, perda da memória recente, agressividade, problemas digestivos e cardíacos, dores de cabeça, alergias e até alguns tipos de paralisia.

Geralmente, o indivíduo não associa esses sintomas ao estresse excessivo gerado pela crise do desemprego, o que pode retardar o tratamento e favorecer a progressão para estados mais graves.

O retorno a uma vida física e emocional mais equilibrada requer um conjunto de providências, tais como: procurar orientação médica e psicológica eficiente, ocupar o tempo com cursos e informações adequadas, buscar atividades que produzam prazer e sentimento de competência, praticar exercícios físicos.

O sono também requer uma atenção especial para recuperar as funções do cérebro, aliviar preocupações, tensões e auxiliar na prevenção de doenças. O ideal é que se durma sem a utilização de medicamentos, exceto se for por indicação médica. Técnicas de relaxamento devem ser usadas como forma de desintoxicação da mente e do corpo.

> Porque todos nós precisamos praticar primeiros socorros emocionais

Fonte: *TED*.
Disponível em: <https://www.ted.com/talks/guy_winch_the_case_for_emotional_hygiene?language=en>.

Atenção aos sinais preocupantes

Quando a situação de desemprego perdura, o sofrimento psicológico se agrava, mas é importante entender que existe oportunidade de evoluir e crescer a partir da própria crise.

Dedicar-se ao autoconhecimento é uma atitude absolutamente necessária para que isto ocorra, porque identificar qualidades e características a serem melhoradas possibilita transformações.

Como ponto de partida, o ideal é reconhecer o estado físico e emocional atual, com uma análise breve e realista dos estados e sintomas que podem estar prejudicando o cotidiano, como:

- mau humor, irritabilidade, ansiedade e angústia;
- desânimo, cansaço fácil, necessidade de maior esforço para fazer as coisas;

- diminuição ou incapacidade de sentir alegria e prazer em atividades anteriormente consideradas agradáveis;
- desinteresse, falta de motivação e apatia;
- falta de vontade e indecisão;
- sentimentos de medo, insegurança, desesperança, desespero, desamparo e vazio;
- pessimismo, ideias frequentes e desproporcionais de culpa, baixa autoestima, sensação de falta de sentido na vida, de inutilidade, ruína, fracasso, doença e perigo;
- desejo de morrer ou de planejar suicídio;
- interpretação distorcida e negativa da realidade: tudo é visto sob a ótica depressiva, com um tom "cinzento" para si, os outros e o seu mundo;
- dificuldade de concentração, raciocínio mais lento e esquecimento;
- diminuição da libido ou do desempenho sexual (ou atividade sexual sem o prazer habitual);
- perda ou aumento de apetite e do peso;
- insônia ou sono muito superficial, despertar muito cedo (geralmente duas horas antes do habitual), aumento do sono noturno e diurno;

- sintomas físicos não justificados por problemas médicos, como dores localizadas ou generalizadas, má digestão, azia, diarreia, constipação, flatulência, tensão em nuca e ombros, sensação de corpo pesado ou de pressão no peito.

Se constatada a presença de pelo menos cinco dos itens citados, ou de um deles que venha a restringir a consciência ou a mobilidade, recomenda-se a busca por profissionais da área médica e psicológica para orientações e acompanhamentos específicos.

As faculdades de medicina, psicologia, odontologia e fisioterapia, dentre outras, possuem atendimento gratuito ao público. Importante saber que, para fins de afastamento previdenciário por motivo de saúde física ou mental, o desempregado pode utilizar o Sistema Único de Saúde (SUS) até um ano após sua demissão.

Detectar características a serem melhoradas deve levar a própria pessoa a buscar novos conhecimentos. Ler a respeito de timidez, ansiedade, problemas de comunicação, falta de empatia e respectivas técnicas de mudança certamente auxiliará na evolução.

Livros, artigos e vídeos à disposição na internet podem auxiliar na adoção de novos comportamentos e na utilização de técnicas que contribuam para as transformações desejadas.

A participação em cursos, atividades educativas e ocupacionais é de extrema importância nesse período, assim como assistir a vídeos de palestras com temas específicos ou motivacionais, praticar a escrita de autonarrativas (escrever um diário de atividades, por exemplo), ter conversas positivas e participar de grupos de apoio.

A televisão e a internet devem ser utilizadas da forma mais inteligente possível. Importante evitar programas e informações sentimentais, policiais, tensos e tristes, que somente roubam momentos preciosos da vida real.

Fonte: *wikiHow*.
Disponível em: <http://pt.wikihow.com/Ajudar-Algu%C3%A9m-com-Depress%C3%A3o> ou <bit.ly/1Rq0EDy>.

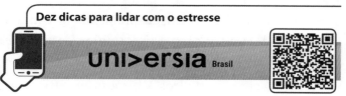

Fonte: *Universia Brasil*.
Disponível em: <http://noticias.universia.com.br/destaque/noticia/2012/04/10/922578/10-dicas-lidar-com-estresse.html> ou: <bit.ly/234BfTG>.

Pensar o pensar

Uma atitude extremamente importante a ser adotada para preservar a saúde física e mental, não apenas em momentos de crise, é pensar sobre o nosso próprio pensar.

A mente humana tem essa propriedade, que os neurocientistas chamam de metacognição. No entanto, a capacidade de analisar pensamentos e refletir sobre os próprios atos não é habitualmente desenvolvida, razão pela qual muitas decisões são tomadas por impulso.

Pensar o pensar permite que a mente se acalme, os raciocínios sejam mais lógicos, as emoções se equilibrem e possibilitem ações mais planejadas.

A sociedade dita conceitos, e as situações trazem entendimentos que são automaticamente adotados, por vezes formando pensamentos limitantes (negativos, pessimistas) e ilógicos, levando o indivíduo a agir contra os próprios interesses (autossabotagem).

Exemplos:

- Sou azarado.
- Sou atrapalhado.
- Sou péssimo nisso.
- Sou muito velho para...

- Sou muito novo para...
- Sou feio para...
- Sou ignorante para...
- A vida é uma guerra.
- As pessoas são falsas.
- As pessoas são más.
- As pessoas são traiçoeiras.
- As pessoas são interesseiras.
- Sempre exigem muito de mim.
- Só serei feliz se...
- Só serei feliz quando...
- Eu nunca vou aprender.
- Tudo de errado acontece comigo.
- Quem não tem dinheiro, não é nada.
- Tudo na vida é difícil.
- Não consigo.

Pensamentos automáticos e negativos, por vezes depreciativos, precisam ser detectados e questionados quanto à lógica e à racionalidade, porque geralmente são a base do mal-estar, da desmotivação, da depressão, da angústia, enfim, de sentimentos que limitam a atuação do indivíduo.

Pensar o pensar é importante para proporcionar a si mesmo a escolha de um raciocínio mais lógico, permitindo optar por um pensamento que seja construtivo e fortalecedor.

Questione sempre: se o seu pensamento tem comprovação; se tem lógica; se não haveria melhor explicação para o que ocorreu em determinada situação; qual seria a forma mais realista de pensar; se não está generalizando ou exagerando; e, principalmente, se essa forma de pensar realmente ajuda a enfrentar a situação.

Exemplo de como alterar uma forma comum de pensar:

Crença	Questionamento	Ter...
Não tenho sorte!	Ter saúde não é sorte? Ter família não é sorte?	**(pense num exemplo)** não é sorte?

Exemplo de pensamento que pode substituir a forma comum de pensar:

- Se estiver mais preparado, aumentarei minhas chances de ter sorte!

- Se planejar ações com antecedência, aumentarei minhas chances de ter sorte!

Existem formas mais lógicas e positivas de interpretar os acontecimentos, encarar os desafios e desenvolver crenças fortalecedoras e construtivas, as quais levam à evolução e à conquista de objetivos.

Exemplos:

- Quanto mais faço, mais aprendo.
- Quando estou determinado a fazer algo, dedico-me e consigo.
- Aprendo porque sou inteligente.
- Aprendo porque sou persistente.
- Aprendo porque sou determinado.
- As oportunidades sempre surgem.
- Tenho apoio dos amigos, da família.
- Já superei situações piores.
- Já consegui muitas vitórias.
- Fracassos trazem aprendizados.

Fonte: *TED*.
Disponível em: <http://www.ted.com/talks/michael_shermer_the_pattern_behind_self_deception?language=pt-b>

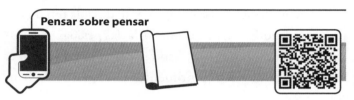

Fonte: *Instituto Ciência Hoje*.
Disponível em: <http://cienciahoje.uol.com.br/colunas/bilhoes-de-neuronios/pensar-sobre-pensar> ou: <bit.ly/1SmriND>.

Técnicas para controle das emoções

A técnica é um procedimento que leva a alcançar determinado resultado, no campo da ciência, da tecnologia, das artes ou em quaisquer outros.

Em razão do estado emocional do desempregado, podem ocorrer dificuldades para estipular metas, planejar e entrar em ação.

Se partirmos da ideia de que se pode "pensar o pensar" e atentarmos para o que o cérebro está processando, torna-se possível alterar estados emocionais com a utilização de técnicas.

As emoções são universais, como, por exemplo: medo, tristeza, amor, raiva. Já o sentimento decorre de uma interpretação do indivíduo diante de cada situação, ou seja, é uma opção que ele faz de acordo com sua vivência.

Exemplo disso seria o sentimento de cada um diante de um incêndio. Em geral, a maioria das pessoas se assusta, mas, para o bombeiro, isso faz parte do cotidiano e, devido ao treino, seus sentimentos e reações serão bem diferentes.

Em se tratando do desempregado, cada dia que passa sem novidades é vivido com mais ansiedade e preocupação. Mas, se ele permitir que esses sentimentos o dominem, será praticamente impossível ser ativo e criativo.

O cérebro funciona muito rapidamente e está treinado para processar acontecimentos e elaborar respostas quase que automaticamente. Para mudar isso, é necessário descobrir os pensamentos que geram sentimentos negativos e buscar uma forma de alterá-los.

Com treino, é possível separar os sentimentos dos pensamentos, pelo menos por algum tempo, e enfrentar os fatos de maneira mais objetiva e imparcial.

Uma técnica praticamente infalível para acalmar até os mais ansiosos é imaginar o que de pior pode acontecer na situação que mais o preocupa e anotar essa possibilidade. Isto permitirá que tal possibilidade seja analisada com antecedência e que sejam pensadas e anotadas soluções para a hipótese.

Após analisar as saídas para a situação catastrófica imaginada, será mais fácil seguir em frente, e, em geral, verificar que ela não ocorre, mas é fruto do medo que por vezes domina a imaginação e a mente.

Para amenizar o estado de preocupação, o indivíduo deve escolher atividades saudáveis e construtivas para entrar em ação. Isso geralmente auxilia no controle da ansiedade.

Trabalho social e voluntário, por exemplo, é algo que permite ao indivíduo não apenas se ocupar, como também praticar a solidariedade, além de elevar sua autoestima.

Outra técnica importante contra aborrecimentos ou preocupações que insistem em permanecer é estabelecer um tempo limite para sua duração.

Muitas vezes, faz-se necessário dar um "BASTA", interromper o pensamento para diminuir a tensão e manter-se o máximo possível no presente, no aqui e no agora. Porque, em geral, é a imaginação que rouba a energia do indivíduo, não a situação real.

A adoção de técnicas de respiração e relaxamento são fundamentais para se obter o controle e alterar estados emocionais. Para encontrar a forma mais adequada a cada pessoa, sugerimos uma pesquisa em livros especializados ou mesmo na internet.

Uma técnica de relaxamento se inicia, geralmente, com a atenção focada na respiração, e seu objetivo principal é acalmar a mente, desviar o foco da tensão e, com isso, alterar os estados emocionais indesejados, partindo do pressuposto lógico de que são os pensamentos que geram emoções.

Fonte: <https://www.youtube.com/watch?v=XxBN5gsKpms>.
Disponível em: <https://www.youtube.com/watch?v=FDtNmOyFnsg>.

Fonte: <https://www.youtube.com/watch?v=T6parNBj2U0>.
Disponível em: <https://www.youtube.com/watch?v=K091LE3-EbA>.

Organizar o ambiente externo também é uma técnica que auxilia na mudança de estados emocionais, e tem se mostrado um meio muito eficaz de ocupar o tempo disponível na fase do desemprego.

Organização é fruto de um processo. O grande diferencial da pessoa organizada é fazer um pouco todos os dias, para que com a prática novas atitudes sejam incorporadas ao dia a dia.

O importante de imediato é reconhecer a necessidade e assumir a responsabilidade pela própria organização.

Dicas importantes:

- Pare de buscar a perfeição. Ela é a maior inimiga de quem quer se organizar e pode levar ao desânimo. Fazer o melhor que puder, no tempo possível, é o mais indicado.

- Faça um pouco por dia, em várias áreas. Por exemplo: com relação à limpeza, jogue fora ou envie para reciclagem o que não serve mais; com relação às roupas, arrume uma gaveta específica.

- Organização se faz todos os dias. Sempre que for necessário tomar decisões diárias de onde guardar coisas, é importante que se procure a solução ideal, simplificando ao máximo.

- Em casa só devem ser guardadas coisas que se usam ou que têm valor afetivo. O restante ocupa espaço e atrapalha a organização. Doe tudo o que for reutilizável e não servir mais.

- Faça listas diárias de coisas a serem realizadas e risque cada uma delas assim que forem executadas. Aos poucos, as atividades diárias se tornarão um hábito e integrarão a rotina.

- Para não se questionar constantemente, organize os objetivos a serem alcançados e planeje as ações de forma a perseguir o que realmente importa.

- Não reclame ou encontre desculpas, inclusive relacionadas à desorganização de outras pessoas. Priorize o essencial e dialogue a respeito, tantas vezes quantas forem necessárias.

- Documentos importantes e úteis devem ser guardados de forma organizada e em local especialmente escolhido, sempre protegidos de riscos.

- Organize horários e planeje compromissos; antecipe o que for possível para otimizar o tempo. Poupe tempo não deixando para depois o que pode ser rapidamente resolvido.

- Observe como os outros se organizam (ou desorganizam) e aprenda com eles.

- Preserve arquivos de computador, fazendo cópias (*backup*).

- Organize o sono e a alimentação para se manter com saúde e energia, porque a exaustão é inimiga da produtividade.

- Pesquise e leia artigos, livros e revistas com ideias de organização.

Manter a atenção no presente

O estresse excessivo gerado pela crise do desemprego é prejudicial, mas é importante esclarecer que ele não precisa processar-se apenas de maneira nociva ao organismo.

Em intensidade tolerável e adequada, a tensão pode aumentar a eficiência do indivíduo, ser agente de motivação e adaptação, impulsionar a agir e a colher aprendizados.

Segundo diversos autores, 99% dos problemas nos quais pensamos, e que nos causam preocupações, jamais acontecerão.

Para não desperdiçar energias com preocupações desnecessárias e aumentar a criatividade e a motivação para agir de forma produtiva, seguem algumas atitudes a serem adotadas:

- não tente antecipar o futuro com dilemas do tipo "será que vou conseguir?" nem se culpe pelo que já aconteceu;

- preencha o dia a dia com atividades úteis a seus objetivos;
- procure movimentar o corpo, evite excesso de sal, produtos industrializados, enlatados, sanduíches gordurosos, bebidas alcoólicas e outras drogas, afinal, seu maior patrimônio é a saúde;
- aproveite o tempo para fazer questionamentos do tipo: "Eu sei o que quero fazer profissionalmente? O que atrapalha meus planos? Sinto-me inseguro, pessimista ou ansioso? Quais são os meus pontos fortes e fracos?";
- posso aprender sozinho? Anote as respostas e periodicamente refaça estas e invente outras perguntas;
- anote qualquer ideia relacionada com trabalho autônomo e guarde, por mais absurda que possa parecer; periodicamente leia, reescreva ou jogue fora, se achar necessário;
- evite conversas com pessoas negativas, não assista a programas de televisão que enfatizam a tristeza (novelas, dramalhões, noticiários policiais) nem se dedique a ler notícias que só divulgam catástrofes e situações desagradáveis;
- qualquer esforço é válido para voltar ou continuar a estudar; dê preferência a cursos profissionalizantes;

- amplie ao máximo os contatos pessoais e não deixe de se comunicar com os amigos, parentes e vizinhos; estatísticas provam que a indicação é um meio eficiente de encontrar trabalho;
- leia muito; peça aos amigos e parentes que emprestem livros; conheça a biblioteca de seu município, lá existe um mundo de informações gratuitas; procure na Secretaria da Cultura do seu município a agenda de eventos gratuitos e assista a filmes, peças teatrais, apresentações de música e dança;
- reserve pelo menos 15 minutos pela manhã para organizar as atividades do dia, procurando seguir as dicas listadas e assumindo responsabilidade por suas ações; planeje a utilização do tempo em atividades que possam ser proveitosas para realizar projetos;
- busque uma oportunidade de trabalho remunerado e não apenas um emprego;
- você é livre e capaz de criar, aprimorar, inventar, produzir, agir em parceria e em sociedade;
- faça um teste vocacional ou de interesses, procure descobrir como quer transformar o mundo: quem faz o que gosta, sempre faz melhor;
- mantenha o bom humor: rir de si mesmo é sinal de sabedoria;

- ofereça-se para fazer trabalho voluntário, uma ocupação necessária à comunidade e que faz bem à mente e ao coração;
- seja um agente de mudanças e transformações; se as resoluções não forem transformadas em ações, nada se modificará; as vitórias são resultado de escolhas e persistência, nada é por acaso.

Examinar racionalmente a probabilidade de uma situação se agravar, de um fato realmente acontecer ou não, leva a perceber que a maioria das preocupações nasce na imaginação. As situações, em geral, não são emergenciais ou catastróficas, e sofrer por antecipação apenas consumirá energia.

A melhor forma de lidar com o estresse e com as preocupações é aprender a controlar os pensamentos de modo a viver um dia de cada vez.

Pensar no dia de amanhã e preparar-se cuidadosamente é importante, porém, o máximo de atenção deve estar no momento atual, porque este sim é fundamental para a construção de um futuro melhor.

Realize seus sonhos

Fonte: <https://www.youtube.com/watch?v=6osRea0MAzA>.
Disponível em: <https://www.youtube.com/watch?v=jPZeALoOSIU>.

Projeto de vida

A elaboração de um projeto de vida, que obviamente não dependa de dinheiro para ser realizado, é outra técnica que pode ser utilizada no momento de desemprego e que traz sentido e planejamento à vida pessoal e profissional.

O objetivo de elaborar um projeto de vida é estimular a criatividade e levar o indivíduo a valorizar os vários papéis que desempenha no cotidiano, muito além de sua função de trabalhador.

Existem diversas maneiras de montar um projeto de vida, porém, a forma mais didática consiste em dividi-lo em áreas, como a seguir exemplificamos:

- **Área física:** relacionada ao corpo e à mente, meios pelos quais podemos manifestar nossa essência. O que está sendo feito atualmente para manter o corpo e a mente saudáveis? O que pode ser feito? Que ações podem de imediato ser iniciadas?

- **Área de finanças:** há uma visão de planejamento financeiro? São adotadas planilhas de receitas e despesas? Quais atitudes podem ser tomadas para um controle e planejamento efetivo?

- **Área familiar:** como tem sido o relacionamento familiar e afetivo? O que pode ser modificado para que melhore? Que ações imediatas podem ser executadas?

- **Área intelectual:** o que tem sido pesquisado, estudado? Qual aprendizado pode ser buscado, a partir deste momento? Quais áreas do conhecimento interessam em termos pessoais e profissionais?

- **Área social:** o que tem sido realizado para ser solidário e participativo na sociedade? O que pode ser feito a partir deste momento?

- **Área profissional:** a área profissional foi analisada e escolhida? Existe um plano de desenvolvimento profissional? Há interesse em mudar a opção profissional? Que atitudes relacionadas ao aprendizado profissional podem ser tomadas?

Em processos de seleção para vagas de emprego, geralmente se exige a elaboração de uma redação, e um dos temas preferidos é: "QUEM SOU EU?".

O projeto de vida pode e deve ser utilizado como um roteiro básico para a elaboração desse texto, que pode ser feito antecipadamente, para que no momento necessário o raciocínio da resposta a essa pergunta já tenha sido elaborado.

Fonte: <https://www.youtube.com/watch?v=GCuNy0igK2U>.
Disponível em: <https://www.youtube.com/watch?v=4Gw83gsrNmQ>.

Oportunidade de crescer na crise: definindo metas

Definir metas e crescer no período do desemprego pode parecer uma missão complicada, mas é a fase em que o indivíduo tem mais tempo disponível para repensar sua vida profissional e pessoal.

O sistema americano SMART, de fácil aplicação e eficácia reconhecida, pode ajudar a planejar, motivar e a concretizar metas. Em inglês a sigla SMART significa "esperto".

Consideradas em separado, cada letra representa uma das características necessárias para as metas que serão traçadas.

S *Specific* (específica): a meta deve ser específica, ou seja, deve descrever exatamente aquilo que se pretende alcançar. Por exemplo: "Conseguir um emprego como garçom em um restaurante até o final do ano".

M *Mensurable* (que pode ser medida): deve sempre ser possível medir o alcance da meta. Para isso, podem ser definidos passos necessários para que seja atingida. Por exemplo, a meta do item anterior pode ter quatro passos: (I) fazer um curso ligado à atividade de garçom; (II) ler livros sobre restaurantes ou sobre a profissão de garçom; (III) conversar com garçons experientes e anotar seus ensinamentos; (IV) preparar currículos e distribuir a conhecidos e a restaurantes.

A *Attainable* (alcançável): a meta não pode ser impossível ou fantasiosa (por exemplo, tornar-se um ator de cinema). Deve estar sempre conectada com a realidade. Deve ser dividida em etapas menores a serem gradualmente atingidas.

R *Relevant* (relevante): a meta deve trazer realização, isto é, deve estar conectada com um propósito de vida. Com base no exemplo mencionado, deixar a situação de desemprego pode certamente representar um propósito de vida.

T *Time-Based* (temporal): a meta deve conter um prazo para ser alcançada. Com base no exemplo dado, a meta estabelecida deve ser cumprida até o final do ano.

Fonte: Instituto Brasileiro de Excelência em Gestão de Pessoas (canal no YouTube: https://www.youtube.com/channel/UC7Hu-Yzs_bDEi1aSxI4z6fA).
Disponível em: <https://www.youtube.com/watch?v=f8pWWOTYB6I>.

Planejando e entrando em ação

Depois de ter a meta definida, será necessário coletar informações, planejar e agir com disciplina, tendo em mente que diversos fatores e comportamentos podem sabotar seu alcance.

Procrastinar, isto é, deixar para depois, é um dos comportamentos mais nocivos. O procrastinador faz várias coisas ao mesmo tempo, em geral, para não fazer aquilo que realmente deve ser feito. Quando pensa no que de fato tem a fazer, sente-se preso e sem reação.

Enquanto procrastina, a pessoa se estressa pela sensação de culpa, percebe a falta de produtividade e cultiva vergonha por não estar comprometida. As consequências podem ser desastrosas, especialmente quando se percebe o tempo desperdiçado sem uma ação realmente direcionada à meta.

Para conquistar metas é importante:

- reconhecer que há procrastinação e ter consciência de que haverá problemas se a tarefa ou ação não for realizada, lembrando que muitas coisas são menos complicadas do que parecem ser;
- planejar, realizando primeiro as ações mais difíceis, dividindo-as em partes e, caso sejam muito desagradáveis, fazer pausas, mas em seguida concluí-las para experimentar a sensação de alívio e competência;
- compreender que a sensação de alívio e competência fortalece a autoestima; comemorar a conquista das metas também ajuda a enfrentar as dificuldades de forma positiva;
- pensar no que você deixará de ganhar, caso não realize a atividade, pode trazer forças para terminar a tarefa;
- abrir-se para o novo, aceitar desafios e construir o futuro com ações no presente.

Para planejar e concretizar as ações necessárias ao alcance das metas, sugerimos a adoção do método americano 5W2H, no qual 5 palavras inglesas se iniciam com a letra W e 2 com H, veja a seguir:

	What: O quê? Que ação será executada?
	Who: Quem? Quem irá executar/participar da ação?
5W	**Where:** Onde? Onde será executada a ação?
	When: Quando? Quando a ação será executada?
	Why: Por quê? Por que a ação será executada?
	How: Como? Como será executada a ação?
2H	**How much:** Quanto custa? Quanto custa para executar a ação?

Planejamento e organização pessoal e profissional

Fonte: Dtcom – Educação e Comunicação Corporativa.
Disponível em: <https://www.youtube.com/channel/UCrOVvCAIWX5XVpKd2MppWDQ>.

Diferenças entre emprego e trabalho

A maioria das pessoas dá o mesmo significado às palavras trabalho e emprego, mas, embora estejam relacionadas, elas possuem significados diferentes.

O trabalho existe desde o momento em que o ser humano passou a transformar a natureza e o ambiente a seu redor. Já o emprego surgiu com a Revolução Industrial, nos séculos XVIII e XIX, trazendo a possibilidade de substituição do trabalho artesanal (autônomo) pelo assalariado (dependente).

Dessa forma, a diferença prática entre as duas palavras se encontra na opção por exercer uma profissão de forma autônoma ou sendo empregado e assalariado.

Como já discorrido antes, o desemprego gera crise, palavra que se origina do grego *krisis* e se refere às situações e ações que compõem um estado de mudança, próprio para reflexão.

Constata-se que boa parte das preocupações do indivíduo desempregado se relaciona à dúvida quanto a sua aceitação no mercado de trabalho, decorrente da idade, etnia, gênero, nível educacional, entre outros.

Para amenizar essas preocupações, o indivíduo precisa tomar consciência de que, além da busca por emprego, pode buscar trabalho, ou seja, renda sem vínculo empregatício, por exemplo, como trabalhador autônomo, empreendedor ou cooperado.

Trabalho autônomo

Foi-se o tempo em que não ter a carteira assinada era sinônimo de ser desocupado.

Na atualidade, o trabalho autônomo é muito bem-visto e pode ser mais promissor, trazer flexibilidade e possibilitar a oferta de prestação de serviços a mais de uma pessoa ou empresa, tanto em casa como fora dela.

Com organização financeira, os autônomos conseguem poupar e também manter direitos previdenciários, desde que façam recolhimentos diretos à Previdência Social.

Como exemplo de profissões autônomas, citamos: costureira, alfaiate, barbeiro, fotógrafo, massagista, tapeceiro, marceneiro, cabeleireiro, sapateiro, eletricista, encanador, pedreiro, entre tantas outras.

Empreendedorismo

O empreendedorismo é outra possibilidade de atuação para obtenção de trabalho e renda. Microempreendimentos podem surgir como consequência do trabalho autônomo. Há, inclusive, legislação específica para o microempreendedor individual, aquele que trabalha por conta própria e quer se legalizar como pequeno empresário.

O trabalhador por conta própria pode se legalizar como microempreendedor, desde que fature anualmente no máximo R$ 60.000,00 e não tenha participação em empresa, como sócio ou titular. Pode também ter um empregado que receba salário-mínimo ou o piso da sua categoria profissional.

A legislação permite que o trabalhador informal possa se tornar um Microempreendedor Individual (MEI), com inúmeras vantagens. Uma delas é o registro no Cadastro Nacional de Pessoas Jurídicas (CNPJ), facilitando a abertura de conta bancária, o pedido de empréstimos, bem como a emissão de notas fiscais.

Além disso, o MEI é enquadrado no Simples Nacional e fica isento dos tributos federais (Imposto de Renda, PIS, Cofins, IPI e CSLL).

O microempreendedor individual tem acesso ainda a benefícios como salário-maternidade, auxílio-doença, aposentadoria, entre outros. A inscrição pode ser feita no site: <www.portaldoempreendedor.gov.br>.

Fonte: DR Tecnologia TI (canal no YouTube: <https://www.youtube.com/user/diegobigboy2010/about>).
Disponível em: <https://www.youtube.com/watch?v=equobT7CQTw>.

Economia solidária e cooperativismo

Economia solidária é algo que vem sendo adotado para produzir, vender, comprar e trocar o que é preciso para o bem de todos e para o próprio bem. Trata-se de uma alternativa de inclusão social e geração de trabalho e renda.

Na economia solidária as práticas econômicas e sociais são organizadas sob a forma de cooperativas, associações, clubes de troca, empresas autogestionárias, redes de cooperação, entre outras, que realizam atividades de produção de bens, prestação de serviços, finanças solidárias, trocas, comércio justo e consumo solidário.

Isso se tornou uma alternativa de trabalho, em que o indivíduo participa, ao mesmo tempo, como administrador e trabalhador. Para isso, necessita de qualificação e preparação.

A cooperativa, uma das formas de economia solidária, é uma modalidade de trabalho formada pela associação autônoma de pessoas, por livre e espontânea vontade, para atender necessidades pessoais, econômicas, sociais e culturais comuns, por intermédio de uma empresa coletiva, que deve ser democraticamente controlada.

Fonte: *TV Senado*. Programa Agenda Econômica. Economia solidária com Paul Singer.
Disponível em: <https://www.youtube.com/watch?v=WI4SHW46Kbs>.

Fonte: Portal Paraná Cooperativo (canal no YouTube: <https://www.youtube.com/user/sistemaocepar/about>).
Disponível em: <https://www.youtube.com/watch?v=x9tQatLYjcc>.

Primeiro emprego

O jovem que busca o primeiro emprego precisa ter em mente que a escolha profissional definirá parte importante de sua vida e expressará seu papel na sociedade.

Também deve estar ciente de que o êxito será resultado de um conjunto de atitudes e fatores.

Decidir de forma consciente, buscando trabalhar desde cedo com aquilo de que realmente gosta, pode ser o diferencial para o sucesso. Além disso, resistir a pressões familiares e sociais pode ajudar a evitar futuras frustrações.

Ter contato com as profissões na prática, pesquisar sobre diversas áreas, ler muito e fazer testes de interesses e vocacionais: todas essas são atitudes importantes para o jovem que busca a inserção no mercado de trabalho.

Ser determinado, ativo e utilizar-se de todos os meios possíveis de obter conhecimentos e capacitar-se é o que realmente minimizará a inexperiência e a insegurança.

Usar a internet de forma inteligente, por exemplo, buscando conhecimentos e informações sobre cursos gratuitos, também se mostra fundamental.

O jovem deve avaliar muito bem a possibilidade de fazer cursos técnicos e profissionalizantes, pois, em geral, eles servem como uma excelente porta de entrada para o mercado de trabalho.

Veja dicas para a pesquisa nos links úteis listados ao final deste livro.

As informações a seguir, especialmente as que dizem respeito ao processo de seleção, também são úteis na busca pelo primeiro emprego. A internet disponibiliza diversos artigos e vídeos preparatórios para a busca do primeiro emprego.

Fonte: *Rede Minas*. Programa Emprego e Renda.
Disponível em: <https://www.youtube.com/watch?v=jff_xdnGwBA>.

Currículo

Trata-se de um documento elaborado pela pessoa que se candidata a um emprego, para ser enviado às empresas, contendo dados pessoais, formação escolar, qualificações profissionais e aptidões. O envio ou entrega do currículo é o primeiro contato que se estabelece com a empresa.

A estética do documento é um pré-requisito muito importante, pois uma boa apresentação atrai a atenção do selecionador. Deve ser apresentado em uma ou duas páginas, o papel pode ser branco ou em cores suaves, as letras devem ser padronizadas, sem negritos ou sublinhados em exagero. A cor da fonte da letra deve ser preta, e a tipologia sugerida é "Arial" ou "Times New Roman".

O currículo deve ser objetivo e bem preparado, com os dados essenciais e sem exagero de informações. Ele servirá como um cartão de visita, enfatizando realizações e conquistas, cursos e experiências profissionais, tudo de forma simples e direta, sem erros de português. Deve conter:

- dados pessoais;
- objetivo ou área de interesse;
- escolaridade;
- experiência profissional;
- resumo das qualificações profissionais;
- cursos e palestras de que participou.

Forma de apresentação

- **Cabeçalho:** na primeira linha do cabeçalho deve ser inserido o nome completo do candidato, em negrito. Nas próximas duas ou três linhas, devem ser inseridos o estado civil, a idade, o endereço e os dados de contato do candidato. Nesse item, é fundamental incluir um número de telefone e um endereço de e-mail ativo.

- **Área pretendida ou objetivo:** indica a área em que se pretende trabalhar, que pode ser: administrativa, técnica, comercial ou operacional. É preferível indicar a área pretendida ao invés de apenas o cargo, pois dentro de uma área existem maiores possibilidades de vagas.

- **Formação escolar e acadêmica:** mencionar o nome das instituições de ensino e cursos realizados. Cada curso deve representar um item do currículo. Caso alguma dessas formações e/ou cursos estejam em andamento, indicar a data de conclusão prevista.

- **Cursos complementares:** indicar os cursos feitos além da escola regular. É necessário constar o nome do curso, o nome da instituição onde estudou e a data de conclusão. Nesse item devem constar os conhecimentos na área de informática e línguas, caso os possua.

- **Qualificação e conhecimentos profissionais específicos:** nesse item, indicar os conhecimentos adquiridos em cursos complementares (normalmente preparatórios para a função pretendida) ou em experiências profissionais.

- **Experiências profissionais anteriores:** caso o candidato tenha experiências profissionais anteriores, indicar nome da empresa, cargo que ocupou e período trabalhado, além de um breve resumo das atividades realizadas.

- **Pretensão salarial:** normalmente são as empresas que propõem os salários, cabendo ao candidato aceitar ou não; portanto, deve ser colocada a pretensão salarial somente se exigido pela empresa. O salário é parte da chamada remuneração, que pode incluir cursos de aperfeiçoamento e/ou outros benefícios, como plano de saúde, vale-refeição, entre outros.

Após o envio do currículo para empresas e agências de emprego, o candidato deve aguardar e estar atento às formas de contato fornecidas (telefone, e-mail), caso seja chamado para participação em processo de seleção.

Fonte: Espro – Ensino Social Profissionalizante (canal no YouTube: <https://www.youtube.com/channel/UCROrzYN_WZX7mjThBu3rdaw>).
Disponível em: <https://www.youtube.com/watch?v=rGA-8veSNg4>.

Processo de seleção

O objetivo de um processo de seleção é contratar o melhor entre os candidatos, ou seja, aquele que apresente um perfil previamente definido para determinado cargo. As fases que compõem um processo de seleção são:

1. recrutamento;
2. entrevista de seleção de emprego;

3. testes e avaliações psicológicas;
4. entrevista final.

Recrutamento

Esta é a primeira etapa de todo processo de contratação, momento em que uma empresa anuncia no mercado de trabalho seu interesse por algum profissional específico.

Ela pode fazer isso diretamente, de maneira aberta ou fechada – ou seja, se identificando ou não perante o mercado. É nesta etapa que é feita a primeira triagem dos currículos.

Entrevista de seleção de emprego

A entrevista de seleção é a etapa do processo seletivo que tem como objetivo levantar maiores informações a respeito do candidato.

- **Marketing pessoal**

O marketing pessoal é a propaganda que se faz de si mesmo, desde a elaboração de um currículo, passando pela forma como o indivíduo se veste, como age, como se sai numa entrevista de emprego e como se prepara para crescer profissionalmente.

Boa aparência ajuda muito em processos de recrutamento e seleção, além do bom senso, da discrição e da naturalidade.

É importante cuidar do perfil nas redes sociais. Atualmente, é comum que as empresas verifiquem os perfis dos candidatos, antes mesmo do processo de seleção. Tenha cuidado com determinadas exposições desnecessárias.

- **Higiene e vestimenta**

O aspecto higiene é muito importante em qualquer situação, mas, para algumas profissões, é pré-requisito fundamental, como, por exemplo, profissionais que trabalham com alimentos e saúde.

A vestimenta escolhida para a entrevista de emprego deve combinar com a área de atuação. O ideal é usar uma roupa bem cuidada, com a qual se sinta confortável.

A opção por uma roupa clássica, de cores neutras, é sempre indicada para homens e mulheres. Importante que não seja usado nada que desvie a concentração do entrevistador. Homens devem apresentar barba e cabelo bem aparados.

Caso prefiram, as mulheres devem usar maquiagem discreta, saia ou vestido com comprimento adequado, decotes discretos, sem transparências, e saltos médios.

Fonte: Cabalheiro Consultores.
Disponível em: <https://www.youtube.com/watch?v=gY4T_LbS17E>.

- **Comunicação não verbal**

A comunicação ultrapassa os limites da fala e da escrita, englobando aí a comunicação não verbal. O corpo fala, e na hora de uma entrevista de emprego o nervosismo e a ansiedade podem fazer com que o candidato não se atente a isso. Essa comunicação está relacionada à forma como a pessoa expressa o pensamento sem o uso de palavras, a partir de gestos, postura corporal e comportamentos.

Um entrevistador experiente está preparado para observar o candidato nos mais variados aspectos, desde o jeito de andar, os movimentos dos braços, pernas e pescoço, o olhar, o timbre de voz e outros gestos ou atos durante a entrevista.

O candidato deve estar atento a uma série de aspectos durante uma entrevista, os quais podem ser resumidos nas seguintes recomendações: (I) mantenha uma expressão facial que demonstre interesse; (II) mantenha uma postura adequada (coluna reta, evitando cruzar os braços); (III) evite demonstrar pressa ou ansiedade (por exemplo, roer unhas, movimentar demais as mãos).

Na internet existem inúmeros materiais a respeito de comunicação não verbal que podem ser pesquisados para complementar o conhecimento a respeito.

Cuidados com a linguagem corporal na entrevista de emprego

Fonte: Starh Gestão e Liderança (canal no YouTube: <https://www.youtube.com/channel/UCDd8avwPQmAB2nbZPOkMoyw>). Disponível em: <https://www.youtube.com/watch?v=fNoqFE4JaGY>.

- **Programas de qualidade adotados pelas empresas**

É importante que o candidato saiba que na atualidade as grandes empresas têm uma preocupação fundamental: combinar *produtividade* e *qualidade*. Produtividade é fácil de medir. Mas o que é qualidade?

Para responder a essa pergunta, foram estabelecidos padrões e normas internacionais pela entidade de padronização e normatização International Organization for Standardization (ISO) – criada em 1947 em Genebra, na Suíça –, os quais servem para medir e atestar a eficiência dos processos industriais em si e os reflexos da produção no meio ambiente.

Atualmente, a qualidade não está mais vinculada ao produto ou ao serviço específico, mas sim à qualidade do processo como um todo, ou seja, passou a envolver todos os processos que ocorrem e são realizados no dia a dia de uma empresa.

Com esse objetivo, foi criada uma técnica de administração multidisciplinar, formada por um conjunto de programas, ferramentas e métodos. Esses programas são aplicados no controle do processo de produção das empresas, para obter bens e serviços por menor custo, melhor qualidade e satisfazer os clientes.

Fonte: Apostilas da Qualidade.
Disponível em: <http://www.apostilasdaqualidade.com.br/o-que-e-qualidade-total/#ixzz3c6hS8O9j> ou: <bit.ly/1WiGKKg>.

- **Programas 5S e 10S – base para implementação da qualidade total**

Os programas 5S e 10S são os mais utilizados dentre os programas de qualidade total adotados pelas empresas no país e seu conhecimento e aplicação podem funcionar como um diferencial no processo de seleção de emprego.

Os termos 5S e 10S derivam de palavras japonesas, todas iniciadas com a letra "S". Na tradução para o português, optou-se por utilizar o termo "Senso de" antes de cada palavra, significando a capacidade de raciocinar e julgar em cada caso particular.

Trata-se de um conjunto de dez conceitos simples, criados pelos japoneses, e que, ao serem colocados em prática, permitem modificar o ambiente de trabalho, a maneira de conduzir as atividades rotineiras e também as atitudes do indivíduo.

Esses programas são ferramentas a serem utilizadas para assegurar a implantação da qualidade total. A metodologia possibilita desenvolver um planejamento sistemático, permitindo de imediato maior produtividade, segurança, clima organizacional e motivação dos funcionários, com consequente melhoria da competitividade organizacional. A leitura detalhada dos conceitos de 5S e 10S pode ser vista no site indicado a seguir.

Fonte: Apostilas da Qualidade.
Disponível em: <http://www.apostilasdaqualidade.com.br/10s-os-10-sensos-para-a-qualidade-da-empresa/#ixzz3cE8uJbTa> ou: <bit.ly/1FuvZjR>.

Testes e avaliações psicológicas

Os testes são aplicados conforme as necessidades e características do cargo que está sendo preenchido, a fim de investigar aspectos comportamentais, habilidades e conhecimentos específicos, perfil psicológico, vocacional, emocional, coordenação motora, entre outros.

Assim, demonstre interesse, seja participativo, leal, solidário e solícito com os outros candidatos. Não entre em polêmica com colegas e observadores.

Normalmente, os profissionais da área de seleção utilizam testes e outras ferramentas de avaliação como instrumentos de apoio. Eles sabem que, isoladamente, tais ferramentas têm pouca serventia. Mas, dentro do contexto do processo de seleção, podem esclarecer dúvidas ou reforçar pontos que possibilitem um desempate na escolha final.

O fundamental é que os testes e outros resultados de avaliação reflitam quem o candidato realmente é e em que momento de vida se encontra. Por isso, busque a naturalidade e não tente enganar deliberadamente os aplicadores do teste.

Além disso, não tente investigar ou adivinhar a finalidade do teste, para desta forma conseguir passar nesta fase. Ao invés disso, é mais aconselhável procurar se manter atento e concentrado nas instruções do aplicador, atendendo ao que foi solicitado.

Os tipos de testes mais comuns são:

- **Personalidade**

Avaliam ou identificam aspectos relacionados à estrutura da personalidade, com foco em funções básicas como afetividade, criatividade, equilíbrio emocional, agressividade, depressão, capacidade cognitiva, ritmo, ambição e intelecto.

- **Inteligência**

Avaliam a capacidade intelectual, de raciocínio lógico e matemático. Também conhecido como teste de QI (Quociente de Inteligência).

- **Habilidades e aptidões específicas**

Avaliam fluência verbal, rapidez de raciocínio, atenção concentrada, habilidade numérica, memória visual, relações espaciais, uso de linguagem, coordenação motora e capacidade de liderança.

- **Conhecimentos específicos**

Avaliam o grau de conhecimento, a capacidade e experiência no cargo ou função que está sendo oferecida.

- **Vocacionais**

Avaliam aptidões e vocação natural ou mais adequada ao perfil psicológico e comportamental que está sendo procurado.

Fonte: Vetor Editora (canal no YouTube: <https://www.youtube.com/user/VetorEditora/about>).
Disponível em: <https://www.youtube.com/watch?v=0cL36TfkWuU>.

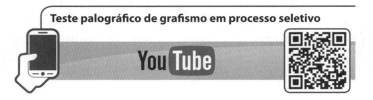

Fonte: Failde Assessoria & Educação Profissional (canal no YouTube: <https://www.youtube.com/user/FaildeConsultoria/about>).
Disponível em: <https://www.youtube.com/watch?v=2caV40J1DVc>.

- **Dinâmicas de grupo**

São aplicadas em grupo, especialmente relacionadas com as exigências do cargo em disputa, e podem ou não refletir situações do dia a dia do futuro contratado. São planejadas com objetivos claros e critérios de avaliação bem definidos, de acordo com o perfil buscado. Nestas situações, dificilmente o candidato conseguirá identificar com exatidão e acertadamente o que se pretende dele.

Para uma dinâmica de grupo, busque sempre chegar ao local indicado com alguma antecedência para conhecer e se adaptar ao ambiente. Pense de forma decidida sobre o quanto deseja a vaga e procure não se preocupar com o que está por vir, pois isso aumenta o grau de ansiedade e pode ser improdutivo. Não se incomode com o número de concorrentes, confie no seu potencial.

Uma boa dica é se mostrar o mais natural possível na situação. À medida que o jogo ou a dinâmica vai se desenrolando, as pessoas tendem a se sentir mais à vontade, conseguindo se expressar com mais espontaneidade e transparência.

Na dinâmica participam os selecionadores, os requisitantes do preenchimento da vaga (futuros chefes) e pessoas especialmente convidadas, todos eles agindo como espectadores e observadores passivos. Os candidatos em geral formam grupos de 4 a 12 pessoas, que agem como personagens ativos no processo.

Dinâmica de grupo no processo seletivo das empresas

Fonte: Starh Gestão e Liderança (canal no YouTube: <https://www.youtube.com/channel/UCDd8avwPQmAB2nbZPOkMoyw>).
Disponível em: <https://www.youtube.com/watch?v=UryW0gqBEaE>.

Entrevista final

A entrevista final, em geral, tem o objetivo de identificar, em detalhes, as competências e qualidades específicas do candidato e descobrir se é o profissional certo para preencher a vaga de emprego disponível. A entrevista avaliará o que o candidato possui de características e o que sabe a respeito do cargo. Não adianta ser artificial e demonstrar ser o que não é, pois as demais etapas do processo de seleção poderão apresentar resultados contrários.

É importante controlar o horário do compromisso para não chegar atrasado e já demonstrar desorganização. Também se deve evitar chegar muito tempo antes do horário agendado. Se o desrespeito ao horário partir do entrevistador, é importante controlar a irritabilidade, angústia e ansiedade.

Não se devem solicitar mudanças na agenda do entrevistador, exceto se for por motivo extremamente relevante. É indicado que não sejam assumidos compromissos próximos ao horário da entrevista, pois podem ocorrer imprevistos, remanejamentos de última hora e entrevistas longas.

Levantar informações sobre a empresa, produtos ou serviços, ramo de atuação e posicionamento mercadológico pode ser útil para utilização com sabedoria durante as entrevistas.

Para evitar desconforto e sonolência durante a entrevista, é importante alimentar-se com refeições leves e descansar bem à noite ou no período que antecede a entrevista. O candidato deve aparentar estar confiante, falar claramente, com naturalidade e espontaneidade, de maneira articulada e verdadeira, tomando cuidado com a gramática, evitando gírias e vícios de linguagem.

Nos primeiros momentos de contato com o entrevistador, é importante mostrar interesse, calma e disponibilidade, bem como a satisfação pela oportunidade. É fundamental procurar manter um clima de cordialidade durante toda a entrevista, evitando estabelecer polêmica, discussão, argumentação e comentários desconfortáveis.

Um semblante alegre, transmitindo entusiasmo, é sempre um recurso que facilita a aproximação, mas sem intimidade exagerada. Demonstração de intimidade entre pessoas desconhecidas soa falso, em especial em situações de entrevistas.

Quanto ao pronome de tratamento, tanto pode ser usado o estilo formal (Sr. ou Sra.) ou informal (você). Se for pessoa que aparenta ter mais idade, o correto é usar o estilo formal. Gravar o nome do entrevistador e assim chamá-lo quando necessário é providência que demonstra boa memorização e respeito.

Durante a entrevista, a postura deve ser ética: nunca falar mal de antigos empregadores, supervisores, colegas de trabalho ou parentes. Quando a situação requerer alguma avaliação sobre eles, esta deve ser feita de maneira equilibrada, demonstrando também virtudes e habilidades.

Informações confidenciais ou sigilosas, ainda que possam parecer benéficas, devem ser evitadas, pois geram desconfiança, ao invés de aprovação.

Muita atenção com a arrogância, superioridade ou indiferença com relação ao pessoal de apoio, assessoria e recepção. Uma atitude natural é obrigatória entre essas pessoas, pois, ao sair da entrevista, elas podem ser questionadas em pequenos detalhes, como, por exemplo: "E aí, o que achou da atitude dele/dela?".

Normalmente a entrevista é feita com perguntas, interrupções, observações, pedido de explicações etc. Mas alguns entrevistadores usam de outras técnicas, quase não fazendo perguntas ou interrupções e deixando o candidato livre para se expressar.

Devem ser evitadas respostas do tipo "sim" ou "não". Procure desenvolver um raciocínio completo e tornar as respostas interessantes.

Se houver liberdade para apresentação, pode-se aproveitar para falar sobre experiências profissionais anteriores, enfatizar responsabilidades, grau de envolvimento e participação, forma de atuação, dificuldades e obstáculos superados e os resultados atingidos, demonstrando assim as habilidades, qualificações e aptidões gerais.

É aconselhável falar de "defeitos", fracassos ou algo que não foi possível concluir em algum momento da trajetória profissional, pois não existe profissional infalível ou perfeito.

Também é indicado que se fale do estilo pessoal de resolver problemas, a maneira como toma decisões e se relaciona com colegas, chefes e subordinados.

Deixar transparecer o que realmente gosta de fazer e procurar demonstrar os motivos e desafios que levaram a se interessar pela vaga são atitudes que podem surtir bom efeito.

Em uma entrevista de emprego, é indicado demonstrar estar atualizado com relação ao que ocorre com a profissão e estar atento às perguntas, respostas, considerações e observações que acontecem na dinâmica das conversas, pois todos os atos, palavras, gestos, posturas e atitudes são analisados e levados em conta.

Algumas empresas fazem perguntas bem esquisitas na hora da entrevista. Já ouvimos falar em "quanto pesa uma girafa?", "quantas bolas de gude cabem num avião?". Essas questões aparentemente engraçadinhas podem parecer só uma grande pegadinha, mas são feitas para testar o raciocínio lógico. Se você se deparar com uma pergunta desse tipo, demonstre que é capaz de estruturar seu raciocínio para chegar a uma resposta lógica, que não necessariamente precisa estar correta. O importante é a lógica e o repertório usado para demonstrar que entendeu a pergunta e estruturou bem o pensamento.

Há casos também em que esse tipo de pergunta, aparentemente absurda, é feita para "quebrar o gelo" e observar a reação do candidato. Não existe resposta certa ou errada, o que conta é a percepção do recrutador diante da resposta, seja ela qual for.

Em algum momento da entrevista, haverá oportunidade para fazer perguntas que dizem respeito aos desafios e oportunidades que a posição oferece e obter outros esclarecimentos que possam ajudar na própria ou em outras entrevistas.

Não é apenas respondendo ao entrevistador da melhor forma que você pode ganhar pontos com ele. Você pode também fazer perguntas que demonstrem que pesquisou informações sobre a empresa e que tem interesse na vaga em questão.

Mesmo sob pressão, nervosismo ou ansiedade, é fundamental que o candidato seja ele mesmo na conversa com o entrevistador, pois, ao colocar-se de forma autêntica, será lembrado por sua personalidade.

Fonte: Starh Gestão e Liderança (canal no YouTube: <https://www.youtube.com/channel/UCDd8avwPQmAB2nbZPOkMoyw>).
Disponível em: <https://www.youtube.com/watch?v=XG1aKabYKkQ>.

Fique atento:

- forneça todos os endereços e números de contato, incluindo e-mail, telefone e endereço completo. No caso do e-mail, crie, de preferência, um endereço com grafia fácil relacionada a seu nome. Os empregadores podem não demonstrar muita confiança, se você tem um e-mail sem nexo, como, por exemplo: <boyzinha@hotmail.com>;

- monte uma boa rede de relacionamentos;

- invista e prepare-se para aquelas coisas que a escola não ensina, como a habilidade em se relacionar bem, a capacidade para influir e liderar;

- lembre-se de que, se houve convite para a entrevista com um recrutador, é sinal de que uma fase no processo seletivo já foi vencida. Para se sair bem nesta etapa, pense no que vai dizer, na forma como vai organizar a fala e se prepare para as mais variadas perguntas;

- em processos seletivos, apresente objetividade, argumentação de ideias, comportamentos e atitudes compatíveis à situação;

- tenha cuidados com a higiene, o asseio e o traje.

- **Guia prático para a entrevista**

Saber que tipo de informação o recrutador busca ao realizar cada pergunta na entrevista de emprego pode ajudar.

Além de saber sobre a trajetória profissional dos interessados nas vagas, os gestores querem saber como agem em situações adversas e o que realmente os motiva a conquistar resultados.

Confira algumas das questões normalmente abordadas pelos selecionadores:

Por que você quer trabalhar nesta empresa?

Quanto mais informações sobre a empresa, mais adequada será a sua resposta. Nunca diga que o motivo de desejar trabalhar ali é o desemprego. Este é o momento de você mostrar o que quer e, também, o que pode fazer pela empresa.

Onde você quer estar daqui a cinco anos?

O entrevistador quer saber se você é uma pessoa que faz planos. É hora de mostrar sua determinação. Evite divagar e detenha-se em seus planos profissionais.

Por que você se desligou da empresa anterior?

Não se apresente como vítima e explore o lado positivo da situação. Seja breve, objetivo e verdadeiro. O entrevistador sempre tem como checar esse tipo de resposta. Esse também não é o momento para falar mal da empresa ou do antigo chefe.

O que fez nos trabalhos anteriores?

Diga o que sabe e o que gosta de fazer e apresente resultados. O importante é ser breve. Procure enfatizar suas realizações com exemplos.

Você consegue trabalhar sob pressão?

Deixe claro que você tem capacidade de trabalhar com prazos definidos, dando exemplos positivos de sua experiência anterior. É importante mostrar que consegue separar o profissional do pessoal.

Como você organiza seu tempo?

Nunca passe a imagem de que não planeja suas atividades, de que vai fazendo as coisas conforme elas surgem. Deixe claro que sabe se organizar. Se a conversa for mais longa, aproveite para dar exemplos.

Horário de trabalho

O entrevistador quer saber quantas horas você pode trabalhar. Quando a empresa pergunta sobre hora extra, é porque essa é uma prática comum. Se isso é um problema para você, seja sincero, mas saiba que não ter disposição para isso pode colocar tudo a perder.

Perguntas pessoais...

... Pedem respostas objetivas. A iniciativa de tocar em assuntos desse tipo deve partir do entrevistador.

Quanto espera ganhar nesse cargo?

Não exagere nem imponha um valor. Deixe espaço para negociação. Pergunte sobre a proposta da em-

> presa e esteja a par da faixa salarial do mercado para o cargo.
>
> **Fale-me um pouco de você**
>
> Lembre-se de que, entre "fale-me" e "de você", existe a palavra "um pouco"!
>
> No site do GAP (www.gapguarulhos.com.br) disponibilizamos mais perguntas que são frequentes em processos de seleção.

- **Processo de seleção sem êxito**

O fato de não ter êxito em um processo de seleção não pode nem deve ser motivo para desistência. Toda experiência traz aprendizados. Ao longo do tempo, o acúmulo deles, somado ao esforço diário para obter mais conhecimentos e informações, surtirá o efeito desejado.

Importante para esse momento é utilizar-se de técnicas para mudança de estados emocionais e observar cuidadosamente os pensamentos e conclusões que o cérebro está processando.

Pensamentos e crenças limitadoras, relacionadas com culpa, arrependimento e incompetência, precisam ser questionadas quanto à lógica do raciocínio.

Crenças fortalecedoras e racionais devem ser utilizadas. Existem muitos exemplos de pessoas que falharam em suas tentativas, mas que, por insistirem, acabaram se tornando ícones em suas áreas e na sociedade.

Alguns pensamentos construtivos relacionados ao fracasso:

"Muitos dos fracassos da vida ocorrem quando as pessoas não percebem o quão próximas estavam do sucesso quando desistiram."

(Thomas Edison, cientista e inventor)

"Quem nunca cometeu um erro, nunca tentou nada novo!"

(Albert Einstein, cientista e inventor)

"Não vale a pena a liberdade, se ela não inclui a liberdade para cometer erros!"

(Mahatma Gandhi)

"O maior obstáculo: é o medo... o maior erro: o abandono... a pior derrota: o desânimo!"

(Madre Teresa de Calcutá)

> "Fracassos são placas na estrada para o sucesso."
>
> (C. S. Lewis, poeta e escritor)

A vida continua e com ela inúmeras possibilidades de encontrar novas chances, melhores talvez do que aquela na qual não se obteve sucesso. Acredite nisto para que a mente e o corpo reajam de acordo com essa crença.

Dê um basta a qualquer voz interna no sentido contrário. Lembre-se de que já existiram sucessos anteriores, em diversas áreas de sua vida, e siga em frente buscando novas oportunidades.

Benefícios e programas governamentais

Do ponto de vista técnico e financeiro existem procedimentos, benefícios e programas governamentais que visam amparar o trabalhador desempregado, seja com relação à própria demissão, ao sustento financeiro, à qualificação ou à inserção no mercado de trabalho.

Rescisão do contrato de trabalho

A dispensa sem justa causa implica o pagamento das seguintes verbas rescisórias de natureza indenizatória ao empregado:

- aviso-prévio proporcional, equivalente a um mês de remuneração, acrescido de 3 dias por ano trabalhado;
- férias vencidas e não usufruídas e férias proporcionais, acrescidas de $1/3$ (um terço);
- 13º terceiro salário proporcional;
- indenização de 40% sobre a totalidade do FGTS devido pelo empregador que demitiu;

- liberação dos valores depositados na conta vinculada do FGTS.

Além desses direitos, o trabalhador demitido sem justo motivo tem direito a seguro desemprego, benefício pago em parcelas e que visa ampará-lo financeiramente. No momento da demissão, o trabalhador deve consultar o site do Ministério do Trabalho para informar-se sobre os requisitos exigidos para o recebimento desse benefício.

Os trabalhadores com mais de um ano de contrato de trabalho obrigatoriamente terão suas rescisões homologadas pelos sindicatos de suas respectivas categorias, procedimento que visa lhes dar maior segurança quanto à correção das verbas e valores pagos.

Previdência Social

O indivíduo mantém a condição de segurado da Previdência Social até 12 meses após sua demissão. Este prazo é prorrogado por mais 24 meses, caso o segurado tenha acima de 120 contribuições mensais sem interrupção.

Pode ainda ser acrescido novo prazo de carência de 12 meses para o segurado desempregado, desde que comprove essa situação pelo registro no órgão próprio do Ministério do Trabalho e Emprego.

Durante esses períodos de prorrogação da condição de segurado, o trabalhador tem direito ao auxílio-doença e também ao salário-maternidade.

Caso volte a contribuir para a Previdência Social, como empregado ou como autônomo, não se submeterá ao período de carência exigido para cada benefício, desde que já o tenha cumprido anteriormente.

Programas de crédito

Os Programas de Geração de Emprego e Renda do FAT (PROGER) apresentam várias linhas de crédito disponíveis para interessados em investir no crescimento ou na modernização de seu negócio, bem como em obter recursos para o custeio de sua atividade.

Tais programas enfatizam o apoio aos setores que mais geram emprego e aos prioritários das políticas governamentais de desenvolvimento, sempre buscando aumentar a oferta de trabalho, a geração e a manutenção da renda do trabalhador.

Mais informações sobre esses programas podem ser obtidas em: <www.proger.mte.gov.br>.

Qualificação profissional

Com as constantes mudanças tecnológicas, uma das maiores preocupações governamentais é a qualificação profissional.

O Programa Nacional de Acesso ao Ensino Técnico e Emprego (Pronatec), criado em 2011, oferece cursos gratuitos (financiados pelo Governo Federal) em escolas públicas federais, estaduais, distritais ou municipais. SENAI, SENAC, SENAR e SENAT, bem como algumas instituições privadas de ensino, também oferecem cursos gratuitos, vinculados ou não ao Pronatec.

Mais informações sobre esses programas podem ser obtidas em: <www.proger.mte.gov.br>.

Benefícios estaduais e municipais

Vários benefícios podem ser concedidos aos desempregados por seu Estado, Distrito Federal ou Município, como desconto ou gratuidade em transporte público, conta de água, luz, gás etc.

Devem ser consultados os sites da Prefeitura Municipal, do Governo do Estado ou do Distrito Federal para se obter as informações.

Benefícios e programas complementares

O Sistema Nacional de Empregos (SINE) e o Portal Mais Emprego do MTE (Ministério do Trabalho e Emprego) dispõem de cadastro de empregadores que buscam trabalhadores, ofertando vagas que podem ser pesquisadas em seus sites. Também enumeram cursos de qualificação e dão dicas sobre como habilitar-se ao seguro desemprego.

O site do MTE contém informações práticas e importantes, além das já citadas, e merece ser consultado.

O seu sindicato profissional deve orientar sobre como se habilitar ao seguro desemprego e outros benefícios municipais ou estaduais a que tenha direito.

Ao final deste livro, veja uma lista de links úteis com endereços de sites indicados para a realização desse tipo de pesquisa.

Considerações finais

A existência humana está relacionada diretamente com o trabalho. Na prática, a renda obtida através dele é o que garante a sobrevivência. A desigualdade de oportunidades resulta em desemprego, péssima qualidade de vida, doença, violência, privações de toda ordem, pobreza e desesperança.

A perda do emprego leva a uma espécie de luto e, ao longo das últimas décadas, o estado emocional de desalento vem se tornando uma das causas cada vez mais frequentes de manutenção do desemprego continuado. Sem práticas fundamentadas em princípios de solidariedade e respeito, além de espaços de tolerância e efetiva inclusão social daqueles que sofrem com a falta de renda, torna-se impossível sonhar com uma sociedade mais saudável e menos violenta.

As transformações necessárias para reverter o agravamento dos quadros de saúde e de segurança no nosso país somente serão possíveis se houver uma visão ampliada do fenômeno desemprego, traduzida na adoção de políticas públicas que possibilitem maior e melhor distribuição de trabalho e na elaboração de um projeto humanista no tratamento dispensado ao desempregado.

Pesquisa científica realizada em 2003, por alunos da Universidade Paulista – UNIP/São Paulo (ver pesquisa nos links úteis deste livro), sobre as atividades desenvolvidas pelo Projeto de Apoio Psicoprofissional do GAP, ao analisar os programas governamentais integrantes de Políticas de Emprego e de Combate ao Desemprego, detectou apenas iniciativas voltadas aos aspectos técnicos e financeiros do fenômeno desemprego, demonstrando assim a falta de preocupação com o prejuízo psicológico do indivíduo sem trabalho e renda.

A mesma pesquisa concluiu que há necessidade de ênfase psicológica no trato com os desempregados, a fim de minimizar o sofrimento e proporcionar reestruturação psicológica, inclusive para melhor aproveitamento das iniciativas governamentais.

A equação sugerida pela pesquisa é simples: a ordem lógica e de construção da própria existência está no pensar, no sentir e, por último, no agir. Nada mais sábio, portanto, que enfatizar a reestruturação psicológica do desempregado como condição básica para que ele equilibre suas emoções e se motive a agir e prosperar.

Além de contribuir com informações úteis para o momento do desemprego, a presente obra espera ter cumprido seu objetivo, que é o de servir como ferramenta para que o indivíduo preserve a sua dignidade, se fortaleça e restabeleça o vínculo com a sociedade.

Cada dia é uma nova oportunidade para o indivíduo cuidar de si, planejar e seguir em frente para realizar o que deseja.

Que este livro sirva para encorajá-lo. É esta a expectativa do Grupo de Apoio Psicoprofissional.

Links úteis sugeridos para acesso e leitura

- gapguarulhos.com.br
- http://maisemprego.mte.gov.br
- http://portal.mte.gov.br/sine
- http://portaldoempreendedor.gov.br
- http://proger.mte.gov.br
- http://pronatec.mec.gov.br
- http://www.portaldaindustria.com.br/senai
- http://www.senac.br
- http://www.senar.org.br
- http://www.sestsenat.org.br
- http://www.sine.com.br

Formulário GAP

Formulário GAP

*Obrigatório

Nome

Idade *

Sexo *

Escolaridade *

Atual situação trabalhista *
- Empregado
- Desempregado
- Empreendedor
- Autônomo
- Outro:

Onde adquiriu o livro? DESEMPREGO - Da crise à oportunidade de crescimento

Qual nota você daria para o livro? *

1 2 3 4 5

Você acessou os links/QR-Code contidos no livro? *
- Sim
- Não

Justifique a resposta acima:
[Se sim, por quê? | Se não, por quê?]

Enviar

Nunca envie senhas pelo Formulários Google.

Powered by
Google Forms

Este conteúdo não foi criado nem aprovado pelo Google.
Denunciar abuso - Termos de Serviço - Termos Adicionais

Referências

ADAIR, John. *Estratégias para tomada de decisões*. São Paulo: Clio, 2008.

BECK, Judith S. *Terapia cognitiva*. Porto Alegre: Artmed, 1997.

CARNAGIE, Dale. *Como evitar preocupações e começar a viver*. São Paulo: Companhia Editora Nacional, 2005.

CATALÃO, João Alberto; PENIM, Ana Teresa. *Ferramentas de coaching*. São Paulo: LIDEL, 2009.

CHAHAD, José Paulo Zeetano; CHAHAD, Caroline. Os impactos psicológicos do desemprego e suas consequências sobre o mercado de trabalho. Tese publicada na *Revista da Abet*, v. V, n. 1, jan./jun. 2005, p. 179. UFPB (Universidade Federal da Paraíba). Disponível em: <http://periodicos.ufpb.br/ojs/index.php/abet/article/viewFile/15693/8948>.

DOMINGOS, Reinaldo. *Como controlar seu orçamento*. São Paulo: DSOP Educação Financeira, 2012.

EWWALD, Luís Carlos. *Sobrou dinheiro*. Rio de Janeiro: Bertrand Brasil, 2015.

FARR, Robert M. *As raízes da psicologia social moderna*. São Paulo: Vozes, 2001.

MULLER, Marina. *Orientação vocacional*. Porto Alegre: Artes Médicas, 1988.

POSSATO, Lourdes. *Equilíbrio emocional*: pensar, sentir e agir. São Paulo: Lumen, 2008.

TOLLE, Eckhart. *O poder do agora*. Rio de Janeiro: Sextante, 2002.

WRIGHT, Jesse H.; BASCO, Monica R.; THASE, Michael E. *Aprendendo a Terapia Cognitivo-Comportamental*. Porto Alegre: Artmed, 2008.

XAVIER, Ricardo de Almeida Prado. *Sua carreira*: planejamento e gestão. São Paulo: Financial Times/Prentice Hall, 2006.

Autores

O Grupo de Apoio Psicoprofissional – GAP é uma Organização da Sociedade Civil de Interesse Público (OSCIP) que tem como objetivo principal colaborar com a reestruturação psicológica dos cidadãos sem emprego ou renda, por meio de intervenções que possibilitem identificar e minimizar os impactos psicológicos dessa situação. Para saber mais: <gapguarulhos.com.br/>.

Participaram da elaboração deste livro:

FABIO RIVA

Advogado. Graduação em Direito pela Universidade de São Paulo (2005); mestre em Direito Internacional pela Universidade de Paris I, Pantheon-Sorbonne (2008).

GABRIELA RODRIGUES SAAB RIVA

Professora de Direito Internacional Público e Direitos Humanos. Graduação em Direito pela Universidade de São Paulo (USP, 2009); intercambista da Fondation Nationale de Sciences Politiques – SCPO/Paris (2007-2008); mestre em Direito Internacional pela Universidade de São Paulo (USP, 2014); mestre em Direitos Humanos pela Université Catholique de Louvain (UCL, 2013); doutoranda em Direito Internacional pela Universidade de São Paulo.

GISÉLIA DANTAS GALVÃO

Jornalista. Graduação em Comunicação Social, com habilitação em Jornalismo (1987-1991), pela Universidade Federal do Rio Grande do Norte (UFRN); experiência profissional em jornalismo e assessoria de imprensa sindical, consultoria, propaganda, edição de impressos e mídias digitais; diretora na Empresa L4 Comunicação.

LISIANE DE ALCANTARA BASTOS

Consultora legislativa da Câmara dos Deputados. Graduação em Direito pela Universidade de São Paulo (1983-1987); especialização e pós-graduação *lato sensu* em Direito do Trabalho pela Universidade de São Paulo (1988-1989); mestre em Direito Internacional pela Universidade de São Paulo.

PAULO EDUARDO DE ANDRADE MOURA

Médico clínico e cirurgião. Graduação em Medicina pela Universidade Federal da Bahia (1977); Pós-graduação em Cirurgia Geral pelo Hospital Prof. Edmundo Vasconcelos (1979); diretor clínico da Horus Medicina

SC, Ltda. Palestras e trabalhos publicados na área de saúde ocupacional.

ROSY RODRIGUES

Advogada trabalhista. Graduação em Direito pela Universidade de São Paulo (1979-1983); especialização e pós-graduação *lato sensu* em Direito do Trabalho, pela Universidade de São Paulo (1984-1986); bacharel em Psicologia pela Universidade Paulista (2000-2005); especializanda do Centro de Estudos em Terapia Cognitivo-Comportamental (2014-2015); Personal & Professional Coach pela Sociedade Brasileira de Coaching.

SALETE YURI OMAI DOBASHI

Psicóloga clínica. Graduação e licenciatura em Psicologia pela Universidade Paulista – UNIP (2005); especialização em Acompanhamento Terapêutico pela AAT; cadastrada pela CASSI em Equipe de Saúde Mental (2008-2013); pesquisadora do Projeto Ipê; coordenadora de oficinas de criatividade no GAP – Grupo de Apoio Psicoprofissional (2009-2012); especialização em Psicanálise da Criança pelo Instituto Sedes Sapientiae (2015).

SOLANGE MONCIA

Psicóloga organizacional. Graduação em Psicologia pelas Faculdades Integradas de Guarulhos (1996); coordenadora do GAP – Grupo de Apoio Psicoprofissional (2002-2015); experiência profissional em recursos humanos e departamento pessoal; instrutora de treinamento e palestrante de cursos de qualificação profissional.

Impresso na gráfica da
Pia Sociedade Filhas de São Paulo
Via Raposo Tavares, km 19,145
05577-300 - São Paulo, SP - Brasil - 2016